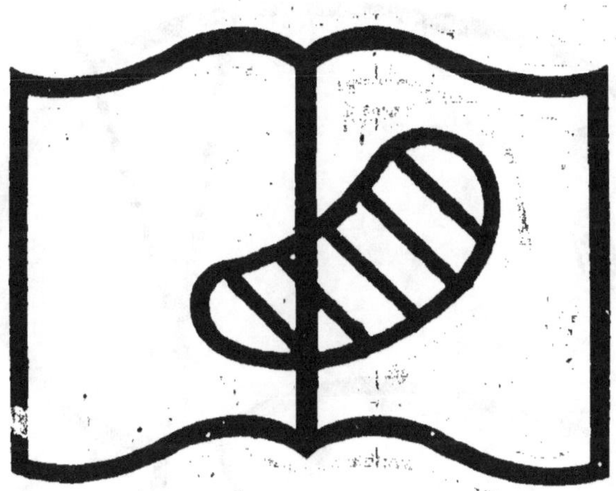

Illisibilité partielle

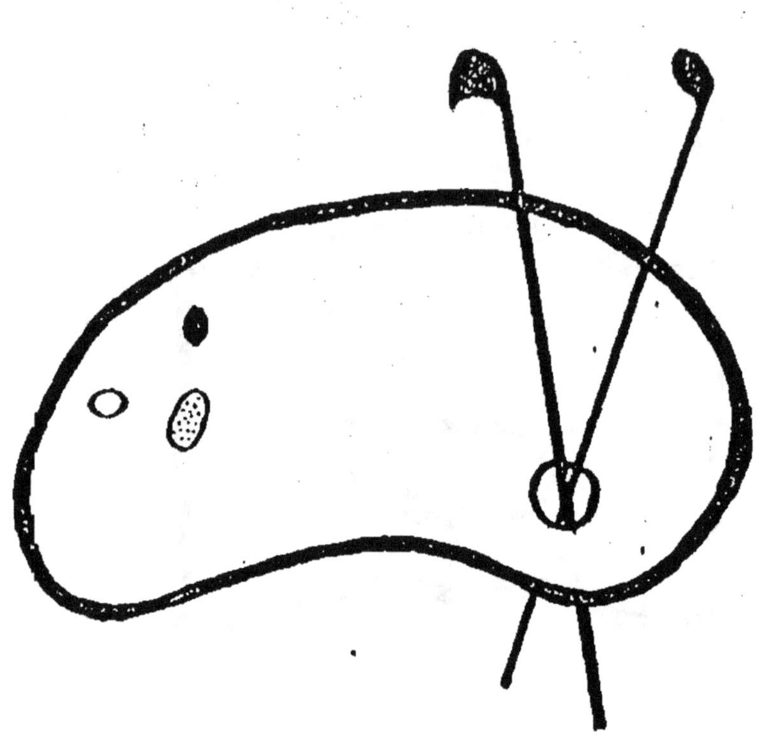

DEBUT D'UNE SERIE DE DOCUMENTS
EN COULEUR

# LES

# DIX MILLE MARTYRS

### CRUCIFIÉS SUR LE MONT ARARATH

## LEUR CULTE & LEURS RELIQUES

### AU PAYS D'OUCHE

PAR

### L'Abbé ALBERT DESVAUX

CURÉ DE LA TRINITÉ-DES-LETTIERS

BELLÊME

IMPRIMERIE DE GEORGES LEVAYER

1890

Bellême. — Imprimerie G. Levayer, 6, place au Blé

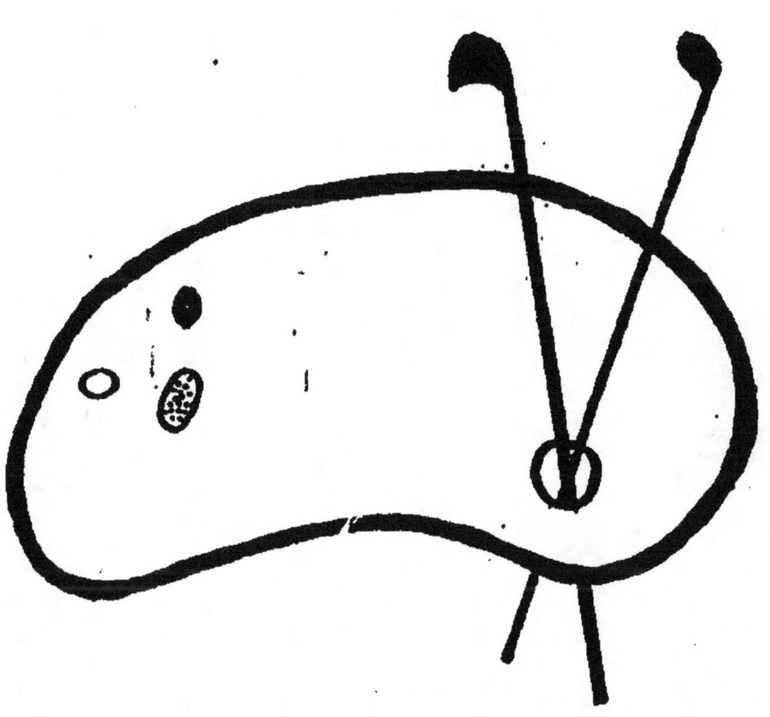


FIN D'UNE SERIE DE DOCUMENTS
EN COULEUR

# LES DIX MILLE MARTYRS

## DU MONT ARARATH

Bellême. — Imprimerie G. Levayer, 6, place au Blé

# LES DIX MILLE MARTYRS

## CRUCIFIÉS SUR LE MONT ARARATH

## LEUR CULTE & LEURS RELIQUES

### AU PAYS D'OUCHE

PAR

## L'Abbé Albert DESVAUX

CURÉ DE LA TRINITÉ-DES-LETTIERS

BELLÊME

IMPRIMERIE DE GEORGES LEVAYER

1890

*Imprimatur*

R. Turcan
*Sup. du Sém., v. g.*

# AVANT-PROPOS

C'est d'après l'avis d'un savant bénédictin de Solesmes, dont le nom fait depuis longtemps autorité dans la science sacrée, que nous avons entrepris cette courte Notice sur la Passion et le Culte des Dix Mille Martyrs du mont Ararath. En la publiant aujourd'hui, notre intention est de ranimer la dévotion des fidèles envers des saints particulièrement chers à la piété de nos aïeux.

Leur culte, qui a commencé à décliner vers la fin du siècle dernier, par suite de la diffusion des doctrines jansénistes, avai' brillé d'un grand éclat, pendant tout le Moyen-Age. A cette époque, on le retrouve non seulement dans notre pays, mais depuis les régions lointaines du Nord, la Suède, le Danemarck, la Pologne, jusqu'aux nations du Midi, l'Italie, la Sicile, l'Espagne et le Portugal.

*La plupart des auteurs, qui en ont parlé, placent le martyre de ces saints vers la fin du règne de l'empereur Adrien. Un évènement qui se passe à une époque aussi reculée, et dans un pays bouleversé depuis par tant de révolutions, n'a pu être transmis jusqu'à nous, qu'avec une grande incertitude dans les détails secondaires. Le récit que nous en donnons est un résumé des Actes attribués à Anastase, bibliothécaire de la sainte Eglise romaine, au IV<sup>e</sup> siècle. Dans son prologue, Anastase annonce que son travail n'est qu'une traduction faite sur un texte grec, qui remonte à une haute antiquité.*

*L'authenticité de ces Actes, du moins quand aux faits principaux, a été admise par les plus savants hagiographes, Bède, Belin, Pierre de Natalibus, Canisius, Surius (1), Baronius (2), dom Marlène (3), etc.*

(1) C'est dans l'édition de 1568 de sa *Vie des Saints,* que Surius a inséré l'apologie très étendue de ces *Actes.*

(2) La dissertation de Baronius sur l'authenticité de la *Légende* des 10,000 martyrs se trouve dans les annotations au *Martyrologe Romain.* Édit. de MDCXLV, Paris. Laurent Cottereau. Pages 245 et 246.

(3) *De antiquis Monachorum Ritibus.* Lib. IV, cap. VI.

Elle a été vivement combattue, nous le savons, par Raoul de Rive, doyen de l'église de Tongres, au XIVe siècle (1); mais il est bon d'ajouter que non seulement cet écrivain rejetait d'autres Actes admis jusqu'alors sans difficulté, que de plus sa critique téméraire allait jusqu'à nier l'existence de saints, tels que sainte Catherine d'Alexandrie, sainte Barbe, et plusieurs autres, honorés dans l'Église d'un culte universel. Avec plus de ménagements dans la forme, Daniel Papebrock (2) a repris les arguments du doyen de Tongres, contre la réfutation qu'en avait donnée le cardinal Baronius. Outre que son autorité est loin d'être sans appel, ses principales objections, qu'il a tiré de la géographie et de l'histoire profane, pourraient peut-être paraître sérieuses de son temps, mais elles ne tiennent guère aujourd'hui, en présence des découvertes scientifiques, sur ce double terrain. Nous avions réuni sur cette question les éléments d'une intéressante étude; notre intention n'est pas de les mettre aujourd'hui

(1) *De observatione Canonum*, Prop. XI. — Tongres, ville de Belgique, siège d'un évêché transféré plus tard à Maëstricht, puis à Liége.

(2) *Acta Sanctorum*, 22. Junii. Tome V, page 151.

en usage, car ils nous entraîneraient dans des développements trop considérables, et ils seraient inutiles pour le but que nous nous proposons. L'autorité du Martyrologe Romain, qui place au 22 juin la fête de ces Saints Martyrs, et surtout les grâces sans nombre qu'ils ont obtenues, en tout temps, à ceux qui les ont honorés, seront pour les pieux fidèles, un motif suffisant de recourir à leur intercession, et de se mettre sous leur patronage.

La Trinité-des-Lettiers, 19 mars 1890

# LES DIX MILLE MARTYRS

## DU MONT ARARATH

### LEUR CULTE, LEURS RELIQUES AU PAYS D'OUCHE

---

## CHAPITRE I

### ACACE ET SES COMPAGNONS D'ARMES REMPORTENT UNE VICTOIRE SUR LES ENNEMIS DE L'EMPIRE. — LEUR CONVERSION MIRACULEUSE.

C'était dans la première partie du second siècle de notre ère ; l'empereur Adrien s'occupait de faire rechercher partout les disciples de Jésus-Christ pour les mettre à mort. Pour insulter à la religion chrétienne, il venait de profaner les lieux témoins de grands mystères de notre rédemption, en élevant d'impures idoles, sur le mont du Calvaire, au Saint-Sépulcre, et dans la grotte de Bétléhem. Le châtiment du ciel ne se fit pas attendre. On apprend tout à coup que les Gadaréens, et d'autres peuples tributaires de Rome, qui habitaient au delà de l'Euphrate, lèvent l'étendard de la révolte et font invasion dans les provinces de l'empire. A cette nouvelle, le gouverneur d'Arménie fait assembler en toute hâte les troupes qui tenaient garnison dans le pays. Elles se composaient de soldats aguerris pour la plupart : plus d'une fois leur valeur avait paru devant l'ennemi ; mais dans ce pressant besoin, on ne peut réunir qu'une vingtaine de milliers d'hommes. Avant de marcher au combat, les généraux avaient invoqué l'assistance des dieux de l'empire : on portait avec confiance sur les enseignes les images de Jupiter et d'Apollon. Bientôt apparut dans la plaine la multitude innombrable des ennemis. Les soldats romains, se voyant de beaucoup inférieurs en nombre, sont saisis tout à coup d'une terreur panique. Le gros de l'armée bat en retraite avec les généraux ; il ne resta que neuf mille hommes, qui, plus intrépides que leurs compagnons, refusèrent de ternir leur renommée de valeur par une fuite honteuse.

D'après une tradition accréditée dans les églises d'Espagne, ils appartenaient à ce pays. La parole de l'Evangile, annoncée autrefois dans cette région par l'apôtre saint Jacques, n'avait fait encore que peu de prosélytes : tous ces braves étaient dans l'ignorance de la vraie foi, et adonnés au culte des divinités païennes.

Acace, l'un d'entre eux, qui commandait une légion, et un autre de leurs chefs, nommé Eliades, les encouragent à combattre vaillamment. Sous leur inspiration, on offre un sacrifice aux dieux tutélaires de l'empire, pour implorer leur secours. Mais voilà que tout à coup, ces hommes, naguère si intrépides, sentent leur courage faillir, et leur vaillance les abandonner.

Cependant, à travers les ténèbres de leur esprit, Dieu avait vu la droiture de leur âme et leurs vertus naturelles. Lui qui, selon la doctrine de saint Thomas, enverrait plutôt un ange du ciel que de laisser se perdre une âme de bonne volonté, choisit ce moment pour leur témoigner sa miséricordieuse bonté. Un ange leur apparut, en effet, sous la forme d'un jeune homme, et s'adressant à Acace : « D'où vient, lui dit-il, qu'après avoir imploré vos dieux, la terreur a envahi vos âmes ? Tournez-vous plutôt vers le Dieu Seigneur du ciel, et créateur de toutes les choses. Croyez en Jésus-Christ, son fils unique, que les chrétiens adorent. Lui qui les soutient dans leurs souffrances, il combattra pour vous, et vous donnera la victoire. »

La parole de ce jeune inconnu fut pour eux un trait de lumière. Sur l'avis d'Acace et d'Eliades, ils veulent sur le champ en éprouver l'efficacité, et tous s'écrient d'une seule voix : « Nous croyons en vous, Seigneur, et nous espérons que vous ferez ce que ce jeune homme nous promet en votre nom. » Puis aussitôt, remplis d'une ardeur nouvelle, ils s'élancent au combat. L'impétuosité de leur attaque porte le désordre dans les rangs ennemis. Les barbares cherchent leur salut dans la fuite, mais un lac voisin vient couper leur retraite. Le plus grand nombre d'entre eux périt dans les flots, en voulant passer cet obstacle à la nage, les autres tombèrent sous les coups des Romains.

Les vainqueurs se retirèrent ensuite sur la montagne voisine, nommée le mont Ararath. Ce fut en ce lieu que l'ange les instruisit des vérités chrétiennes, et les fortifia dans leurs nouvelles croyances. Puis leur ayant prédit les épreuves qu'ils devaient endurer à l'exemple de leur Dieu crucifié, il enflamma leur courage par l'annonce des magnifiques récompenses et de l'éternelle gloire dont ils devaient être couronnés devant Dieu et devant les hommes.

Le troisième jour, le messager divin disparut à leurs yeux, au milieu d'une troupe d'esprits célestes, les laissant dans l'admiration et remplis de l'amour de Dieu.

# CHAPITRE II



Pendant que s'accomplissaient ces merveilles sur le mont Ararah, les renforts et les troupes, qui n'avaient pu se trouver à temps pour l'heure du combat, arrivaient maintenant de toutes parts. Honteux de leur fuite, les généraux romains reprennent le chemin de la Haute-Arménie, avec une armée de plus cent mille hommes. Ils veulent délivrer leurs compagnons qu'ils croient prisonniers des Gadaréens et venger la mort de ceux qui seraient restés sur le champ de bataille. Mais qu'elle ne fut pas leur surprise, quand ils apprennent la déroute des ennemis, et le triomphe de ceux qu'ils pensaient perdus ! Ils sentent en ce moment toute la honte de leur fuite, et le succès de leurs frères d'armes fait naître en eux un vif sentiment de jalousie. Mais ils connurent bientôt que leurs rivaux venaient de se déclarer chrétiens. Se dire chrétien, n'était-ce pas se révolter contre l'empereur qui avait ce culte en exécration, et qui voulait l'anéantir dans le sang de ses adeptes ? Leur ressentiment prend alors le masque d'un faux zèle pour les lois de l'empire et le respect de ses dieux.

Dans ces pensées, l'armée romaine dirige sa marche vers la montagne d'Ararath, pour forcer les saints héros à quitter leur religion nouvelle, et à sacrifier aux faux dieux, avec le reste des troupes. A cette nouvelle, les soldats chrétiens se mettent en prière. Ils supplient le Seigneur de les soutenir contre les efforts de leurs ennemis, et de les maintenir fidèles à sa loi sainte. Sommés de rentrer au camp, ils n'oublient pas qu'ils doivent obéir à leurs chefs, en tout ce qui n'est pas contraire à la loi de Dieu. Ils se laissent conduire sans résistance en présence de l'armée et des généraux romains. Ceux-ci les félicitent hypocritement de leur courage, puis ils viennent à leur représenter l'énormité du crime qu'ils avaient commis contre l'empereur et l'Etat, en se faisant chrétiens. « Ne saviez-vous pas, leur disent-ils, que le Christ et ceux qui l'adorent sont ennemis de l'empire et punis de mort comme traîtres à la patrie ? » — « Le Christ n'est pas l'ennemi de la patrie, répondit Acace, puisque c'est lui qui a donné le succès à nos armes, pour la défendre contre les rebelles », et il raconta comment ils avaient été amenés à se faire chrétiens. Loin de se rendre à cette parole loyale, les généraux sentent redoubler leur dépit, au récit de cette victoire, à laquelle ils sont étrangers. Ils menacent les saints des plus grands châtiments, s'ils ne renoncent immédiatement au Christ et à son culte détesté.

C'est alors qu'un centurion de la troupe chrétienne, nommé Démétrius, s'écria dans l'ardeur de sa foi : « Et pourquoi donc prétendez-vous nous effrayer par des menaces, nous qui ne désirons rien tant que d'être associés aux souffrances de notre Dieu. »

A ces mots, il s'élève de tout le camp une violente clameur d'indignation. Sous les yeux des chefs qui applaudissent, les soldats saisissent des pierres et s'apprêtent à lapider ces généreux confesseurs. Mais la miséricordieuse bonté de Dieu, qui voulait encore augmenter cette phalange d'élus, fait éclater en leur faveur les prodiges de sa puissance, afin d'ouvrir les yeux de leurs persécuteurs. Loin de leur faire aucun mal, les pierres dont on veut les accabler vont atteindre ceux qui les avaient lancées.

Attribuant ce miracle à des maléfices, les chefs païens n'en deviennent que plus furieux ; ils commandent de frapper violemment avec des bâtons et des fouets ceux qu'ils regardent comme des rebelles.

Pendant qu'ils subissent ces violences, un soldat de la légion chrétienne, nommé Drachorius, sentant ses forces l'abandonner, s'adresse à Acace et à Eliades : « Vous qui êtes nos guides, priez en ce moment pour nous, afin que nous ne soyons pas vaincus par les cruelles souffrances que nous endurons. » — « Seigneur, notre Dieu, s'écrie saint Acace, donnez-nous la persévérance et protégez-nous contre le bras de nos ennemis. » Et aussitôt la main de ceux qui frappaient les saints demeura privée de mouvement.

Il y avait dans l'armée païenne un chef de milice nommé Théodore, qui avait mille hommes sous ses ordres. La vue de ce châtiment de Dieu fut pour lui et pour les siens la lumière qui éclaira leur esprit et la grâce qui toucha leur cœur. Avec ses soldats, il confessa la puissance du Dieu qui protégeait ainsi ses serviteurs : tous les mille se déclarèrent chrétiens et disposés eux aussi à souffrir pour rester fidèles à ce titre. Ce fut ainsi que Dieu compléta le nombre des Dix Mille Martyrs.

Cette conversion porte à son comble la fureur des païens. Leur cruauté s'exerce avec d'autant plus de facilité, que ces chrétiens, naguère si terribles dans la bataille, se laissent maintenant maltraiter sans opposer aucune résistance : ils se rappellent l'exemple de leur Sauveur qui le premier a souffert sans se plaindre toutes les ignominies de sa Passion. On les abandonne à la férocité d'une multitude en délire. Les soldats s'amusent à leur faire endurer par dérision tous les supplices qui ont été infligés à ce prétendu Dieu, dont ils se disent les disciples. Ils sont dépouillés de leurs vêtements, on les fait marcher les pieds nus, par des lieux hérissés de pierres et de ronces, on leur enfonce des épines tressées dans la tête, et leur corps est déchiré par par la pointe des lances.

Lorsqu'on eût épuisé contre eux tous les genres de dérision et de tortures, celui qui commandait en chef, au nom de l'empereur Adrien, les fit réunir en sa présence. Une dernière fois on leur offre de vivre, s'ils veulent renoncer au Christ, et sacrifier aux dieux. A cette proposition, Cartérius, le plus jeune d'entre eux, répond au nom de tous : « Ces divinités, dont vous nous parlez, ne sont que des idoles sans vie, mais le Dieu, pour lequel nous mourons, fera un jour à vos yeux et à jamais éclater la puissance de son bras ; ce sera la récompense de ses serviteurs et le châtiment des impies. »

Ce fut alors, que sur le conseil d'un roi du pays, nommé Sapor, qui était venu avec son armée porter secours aux Romains, les généraux condamnèrent les soldats chrétiens au supplice de la croix. Toute l'armée fut employée à cette effroyable exécution, qui eut lieu sur le mont Ararath.

Cependant Acace et Éliades encoura-

geaient leurs compagnons à souffrir coura-
geusement. Tous ensemble ils font de nouveau profession de leur foi, et ils prient
Dieu d'agréer leur sanglant baptême.

Les *Actes* rapportent qu'étant sur le point
d'expirer, ils eurent de nouveau révélation
de la gloire qui leur était réservée dans le
ciel et des hommages qui leur seraient rendus
dans l'Eglise chrétienne. Ils obtinrent, à
cette heure, pour tous ceux qui les invoque-
raient, et honoreraient le jour de leur glorieux trépas, la guérison de tous les maux
du corps et de l'âme, la prospérité de leur
maison, et l'assistance contre les attaques
du démon, à l'heure du trépas.

Au moment où leurs âmes bienheureuses
s'envolèrent vers le ciel, il se fit sur la
montagne un grand tremblement de terre,
qui mit en fuite l'armée païenne. Une lumière éclatante environna leurs corps. Il
s'accomplit alors en eux cet oracle du Pro-
phète-Royal : « *Custodit Dominus omnia
ossa eorum, unum ex his non conteretur.*
Le Seigneur veille sur les ossements de
ses saints, aucun d'eux ne sera perdu » (1).
Ce furent, en effet, les anges qui les ense-
velirent de leurs mains, sur la montagne, en
attendant le jour, où les chrétiens vien-
draient les y chercher, pour les honorer
dans leurs temples.

(1) Ps. xxxiii, 20.

Ce glorieux martyre fut consommé sous le règne d'Adrien, le 22 Juin de l'année 123 de l'ère chrétienne, ou de l'année 138, selon quelques autres.

————

Bienheureux confesseurs de Jésus-Christ, apprenez-nous, à votre exemple, à résister aux entrainements du monde, à combattre sans relâche nos penchants mauvais, à marcher généreusement dans la voie de la mortification et de la pénitence qui est la seule voie des élus. Accordez à tous ceux qui liront ces pages le secours de votre puissante intercession. A celui qui les a écrites pour publier votre gloire, et à tous ceux qui lui sont chers, obtenez le repentir et la miséricorde à l'heure de la mort, et votre assistance au terrible jugement de Dieu. Ainsi soit-il.

————

# CHAPITRE III

## LE CULTE DES DIX MILLE MARTYRS

Pendant toute la période du Moyen-Age, la dévotion aux saints Martyrs du mont Ararath fut en grand honneur dans l'Église. La confiance des fidèles les avait placés au nombre des saints dits *Auxiliateurs* (1).

On invoque les Dix Mille Martyrs pour les malades à l'extrémité, afin d'obtenir pour eux leur protection, au moment de l'agonie, et la grâce d'une bonne mort. Sainte Thérèse recourait souvent à leur intercession. Ils l'assistèrent visiblement à l'heure de son trépas : cette faveur lui avait été promise par les saints Martyrs, dans de nombreuses apparitions qu'elle a raconté de son vivant à son amie la comtesse d'Ossone (2).

(1) On donne le nom d'*Auxiliateurs* à quatorze saints, parmi lesquels : saint Blaise, saint Vite, saint Sébastien, sainte Barbe, etc., que l'on invoque spécialement dans certains besoins particuliers du corps ou de l'âme. Des grâces nombreuses et éclatantes obtenues par ces saints, ont encouragé cette dévotion des fidèles.

(2) Mgr Guérin. *Vie de sainte Thérèse.* Tom. XII des *Petits Bollandistes.*

On implore également leur secours contre les revers de fortune, la disette, les maladies causées par des blessures, et les tremblements de terre. Les familles chrétiennes mettront sous leur protection les jeunes gens appelés sous les drapeaux, afin que leur corps et leur âme soient préservés de tout péril.

Le culte des Dix Mille Martyrs que l'on trouve, au XIII° siècle, répandu jusqu'au fond de la Suède et du Danemark, reçut encore un nouvel accroissement, lorsque le pape Grégoire XIII fit insérer leur mémoire au *Martyrologe Romain*.

Dans la Pologne, à Cracovie et à Breslau, leur fête était célébrée sous le rit double. On conservait des reliques de ces saints dans les plus célèbres églises de la chrétienté : en Allemagne, dans la cathédrale de Cologne ; dans la cathédrale de Prague, en Bohême ; à Bologne, à Saint-Louis-des-Français, à Rome ; à Sutri, en Sicile ; à Lisbonne, dans l'église de la Sainte-Trinité, où ils avaient une fête double. A Barrauci, ville du diocèse de Coïmbre (Portugal), une relique de saint Acace, le chef de ces martyrs, était l'objet d'un pélerinage célèbre par les miracles qui s'y opéraient, et les indulgences qui y avaient été attachées par les souverains Pontifes. Le monastère de Sainte-Thérèse, à Avila, les diocèses de Tolède, Compostelle, Coucha, en Espagne, possèdent aussi de leurs reliques et célèbrent leur fête avec solennité.

Dans cet élan universel de dévotion envers les Dix Mille Martyrs, la France n'était pas restée en arrière des autres nations chrétiennes.

Sous l'épiscopat de Louis de Beaumont, évêque de Paris (1), le 10 octobre 1482, le cardinal Charles de Bourbon (2), archevêque de Lyon, posa, dans la capitale de la France, la première pierre de l'église des Célestins (3), consacrée sous le vocable des Dix Mille Martyrs du mont Ararath (4).

Le collège des Jésuites d'Embrun, les cathédrales du Puy et d'Avignon possédaient des fragments considérables du corps de ces glorieux martyrs, avec un office propre du rit double ; mais ces restes précieux ont disparu dans la tourmente révolutionnaire. Lors de l'introduction, dans ces églises, de la liturgie rédigée au XVIII<sup>e</sup> siècle, sous

(1) Louis de Beaumont, évêque de Paris, en 1473, décédé en 1492.

(2) Charles de Bourbon, archevêque de Lyon, de 1470 à 1488.

(3) Les Célestins sont des religieux de l'ordre de saint Benoît, qui ont reçu une constitution particulière de saint Pierre de Mouron, depuis pape, sous le nom de Célestin V.

(4) Du Breuil. *Les Antiquités de Paris.*

l'influence des idées jansénistes, l'office de ces martyrs fut supprimé, et peu à peu, leur souvenir a disparu de la vénération des fidèles (1).

(1) Nous devons ces derniers renseignements à l'obligeance de M. le chanoine Lautier, secrétaire général de l'archevêché d'Avignon, et de M. le chancelier de l'évêché du Puy.

# CHAPITRE IV

## LES RELIQUES DES DIX MILLE MARTYRS
## A LA TRINITÉ - DES - LETTIERS, ET AU SAP

Si en France, le culte des Dix Mille
Martyrs est presque tombé dans l'oubli, si
leurs reliques y ont été partout dispersées,
une humble église de village a eu l'honneur de conserver intact et sans interrup-
tion ce double dépôt, qu'elle a reçu il y a
quatre siècles. C'est d'après d'antiques par-
chemins renfermés dans l'ancien reliquaire
et complétés par nos recherches personelles,
que nous allons résumer l'histoire des
reliques des Dix Mille Martyrs, conservées
dans l'église de La Trinité-des-Lettiers (1),
au diocèse de Séez.

De temps immémorial, la paroisse du
Sap (2) possédait une relique assez considérable de l'un de ces saints martyrs. C'était
l'os de l'avant-bras, appelé *radius*. Ce
reste sacré fut-il apporté au Sap, par quel-

(1) La Trinité-des-Lettiers, canton de Gacé, Orne.

(2 Le Sap, canton de Vimoutiers, Orne.

que seigneur croisé du pays ? Roger du Sap, abbé de Saint-Evroult, au XI⁰ siècle, l'aurait-il distrait du riche trésor de son abbaye, pour l'offrir à sa paroisse natale ? Serait-ce une partie de ce bras de l'un des martyrs du mont Ararath conservé autrefois à Abbeville : dans ce cas, aurait-il été donné à l'église du Sap par Robert de Bellesme, dont la puissance s'étendit un jour sur toute notre région et sur le comté de Ponthieu, dont Abbevile faisait partie ? Comme les documents qui indiquaient son origine ont disparu au moment des guerres de religion, nous en sommes réduits sur ce point à de simples conjectures.

Quoiqu'il en soit, la relique du Sap était l'objet d'une grande vénération, le culte des Dix Mille Martyrs y avait pris beaucoup d'extension et s'était répandu de là dans tout le pays environnant. Reconnaissants des bienfaits sans nombre qu'ils recevaient par l'intercession de ces saints, les habitants du Sap les avaient choisis comme patrons de leur localité (1).

(1) Féret, curé du Sap. — *Récit d'un transport qui a été fait des reliques d'un des Dix Mille Martyrs de l'église des Lettiers en celle du Sap.* Ms. de 1756.
Le droit canonique établit une différence considérable entre le saint reconnu comme patron, *patronus loci*, et le saint qui est simplement titulaire de l'église. Au Sap, le titulaire de l'église est saint Pierre.

Il en fut ainsi jusqu'au milieu du XVIᵉ siècle, époque où les guerres des calvinistes vinrent apporter la ruine et la profanation dans la plupart des églises de nos contrées. Au commencement de l'année 1562, les protestants révoltés, sous la conduite de l'amiral de Coligny, avaient mis au pillage les églises de Laigle, de Mortagne et la Chartreuse du Val-Dieu. Les prêtres et les religieux avaient été mis à mort, au milieu d'atroces supplices (1). Une bande de ces huguenots commandés par le prince de Porthieu, venait de dévaster l'abbaye de Bernay ; le 10 août de cette même année, elle s'empare du Sap, et met le feu à l'église, qui est consumée en grande partie (2).

Il y avait alors en résidence au Sap, peut-être comme vicaire, un prêtre originaire de La Trinité-des-Lettiers. Au moment où l'église commençait à devenir la proie des flammes, il accourt pour sauver du moins les reliques des Dix Mille Martyrs. Il peut les arracher à l'incendie, et s'enfuit avec le reliquaire vénéré, jusqu'en sa paroisse de

(1) Cfr. Odolant Desnos. *Mémoires historiques*, etc. Tom. II. — L'Abbé Fret. *Antiquités et Chroniques*, etc. Tom. II.

(2) De l'ancienne église construite au XIIIᵉ siècle, l'incendie de 1562 n'a laissé subsister que la nef, une partie de la muraille de l'abside, et la base de la tour. Les autres parties de l'église ont été construites à une époque beaucoup plus récente.

La Trinité-des-Lettiers. L'église de ce lieu, qui était alors loin de tout chemin fréquenté et complétement isolée au milieu des bois (1), lui semble l'abri le plus assuré pour ces restes sacrés.

Ils y restèrent pendant cent quatre-vingt-treize ans. Quand l'église du Sap fut relevée de ses ruines, on continua d'y solenniser, comme par le passé, la fête des saints patrons de cette paroisse. Mais le concours des fidèles s'était porté vers l'église des Lettiers : tous ceux qui venaient y prier devant les saintes reliques éprouvaient le bienfaisant pouvoir des Martyrs.

Les choses en étaient là, lorsqu'en 1725, messire Guillaume-Michel Féret fut pourvu de la cure du Sap (2). Pendant les trois années qu'il avait passées dans celle du Noyer-Ménard (3), lieu distant de deux kilo-

(1) *Les Forêts de la Gaule et de l'ancienne France*, par Alfred Maury, membre de l'Institut. Paris, 1867. P. 295.

(2) Michel Guillaume Féret, curé de Saint-Nicolas de Maison-Maugis (diocèse de Séez), fut nommé curé du Noyer-Ménard, le 11 juillet 1715. Démissionnaire de ce poste, en 1718, il passa à la cure du Sap en 1725. Il y mourut, le 31 décembre 1780, et fut inhumé dans le chœur de l'église. (*Registre des insinuations ecclésiastiques du diocèse de Lisieux*. XI. 347. — *État civil de la paroisse du Sap*, Année 1780).

(3) Le Noyer-Ménard, paroisse réunie à La Trinité-des-Lettiers, après le Concordat de 1801.

mètres de La Trinité-des-Lettiers, il avait été plus d'une fois témoin de la nombreuse affluence des fidèles en cette église. Dès son arrivée au Sap, il commença à faire des démarches pour remettre sa nouvelle paroisse en possession des reliques qu'elle avait perdues, en 1562. Ses efforts demeurèrent longtemps sans succès, car le curé (1) et les habitants des Lettiers ne voulaient pas consentir à se séparer d'un trésor dont la conservation avait été assurée par un de leurs compatriotes, et que depuis bientôt deux siècles, il considéraient comme la plus grande richesse de leur église. Ne pouvant rien obtenir de ce côté, Michel Féret adressa, en 1754, une requête à Mgr de Brancas, évêque de Lisieux (2). Le prélat, après avoir examiné ses raisons, députa François de Guerpel, curé de Rézenlieu et doyen rural de Gacé, pour vérifier l'authenticité des reliques et leur état actuel. Son procès-verbal ayant été envoyé à Lisieux, il intervint une sentence de l'évêque, donnant commission à M. de Guerpel de procé-

(1) André-François Postel, curé de La Trinité-des-Lettiers, de 1733 à 1735.

(2) Henri-Ignace de Brancas, comte-évêque de Lisieux, de 1714 à 1760. Les paroisses du Sap et de La Trinité-des-Lettiers, annexées au diocèse de Séez, par le Concordat de 1801, faisaient autrefois partie de l'ancien diocèse de Lisieux, supprimé à la même époque.

der au partage de la relique entre les deux paroisses, et de faire la translation solennelle de la partie accordée à l'église du Sap. Cette translation se fit le dimanche 21 septembre 1755, ainsi que le constate le procès-verbal suivant, écrit sur parchemin, et laissé dans le reliquaire des Lettiers.

« L'an mil sept cent cinquante-cinq, le
« dimanche vingt-unyème jour de septem-
« bre, avant midi, Nous PIERRE FRANÇOIS DE
« GUERPEL curé de Notre-Dame de Rézen-
« lieu, doyen rural de Gacé, en vertu de la
« commission à nous adressée par Mon-
« SEIGNEUR L'ILLUSTRISSIME ET RÉVÉRENDIS-
« SIME ÉVÊQUE DE LISIEUX, par son ordon-
« nance du quatorze juillet dernier, sur la
« requête présentée à Sa Grandeur par
« maître Michel-Guillaume Féret, prêtre,
« curé du bourg et parroisse du Sap et les
« habitans dudit lieu, à l'effet de revendi-
« quer des réliques de l'un des Dix Mille
« Martyrs, qu'ils possédoient ancienne-
« ment dans leur église, et qui se sont
« trouvées déposées en celle de La Trinité-
« des-Lettiers, et sur le procès-verbal par
« nous dressé, de l'état des dites reliques,
« ainsi que de la vérité des faits énoncés en
« ladite requête par une autre commission
« de mon dit seigneur évêque et comte de
« Lisieux, Nous sommes exprès transportés
« en ladite église de La Trinité-des-Let-
« tiers, d'où, assisté de maître Charles de

« La Fosse, prêtre pris pour notre secrétaire
« en cette partie, et de plusieurs ecclésias-
« tiques soussignés, nous avons fait la trans-
« lation d'une partie des dites reliques en
« l'église du Sap, avec les cérémonies et
« prières prescrites par le processionnaire
« de ce diocèse, et autres, marquées par
« l'ordonnance susdite. Ladite portion de
« reliques consistant en la moitié d'un os de
« bras éclaté en deux sur sa longueur d'en-
« viron deux pouces, enchassée dans un
« avant-bras de bois doré, avec cette ins-
« cription en lettres gothiques PRÉCIEUSES
« RELIQUES DE L'UN DES DIX MILLE MARTYRS ;
« et ledit avant-bras mis dans une capse
« propre et décente, placée proche le maî-
« tre-autel de ladite église du Sap, du côté
« de l'évangile ; et l'autre moitié des dites
« reliques éclatée comme dit est, d'avec
« celle-ci ci-dessus, mise aussi dans une
« châsse décente et demeurée dans ladite
« église de La Trinité-des-Lettiers, proche
« le Maître-Autel, du côté de l'Évangile,
« avec la même inscription en écriture à la
« main, pour être à l'avenir les dites reli-
« ques exposées à la vénération des fidelles
« dans chacune des dites églises, confor-
« mément à la susdite ordonnance du qua-
« torze juillet dernier, au jour de chaque
« année et avec les cérémonies prescrittes
« par ladite ordonnance y recours : le pré-
« sent fait triple, dont une copie déposée

« dans chacune des dites capses, et la troi-
« sième au secrétariat de l'évêché de Li-
« sieux ; signé de nous et de maître Charles
« de La Fosse, notre secrétaire en cette
« partie. Ce jour et an que dessus. »

Suivent les signatures de M. G. Féret ;
Coignard, prêtre ; La Fosse, prêtre ; Dan-
deville, apothicaire ; Vimont, médecin,
Delhomme ; Bazire ; Guerpel.

Un récit très détaillé de cette translation
fut rédigé (1) l'année suivante, par Michel
Féret, curé du Sap, avec la collaboration de
Vimont, docteur-médecin, en cette localité.
Ce dernier composa un nouvel office propre (2), pour être chanté, le dimanche d'a-
près le 22 juin. « Cet office, dit-il, est mixte,
« c'est-à-dire qu'il renferme à la fois la fête
« des Dix Mille Martyrs, et la translation
« des reliques : ainsi ces deux fêtes sont
« réunies et n'en composent qu'une seule,
« que l'on célèbre au Sap, tous les ans, le
« dimanche le plus proche du 22 juin, à

(1) Nous avons retrouvé, il y a quelques années,
une copie de cet intéressant document resté inédit
jusqu'à ce jour, sauf quelques lignes citées au cours
de son travail, par M. Couriol. (*Histoire de la com-
mune du Sap*. Paris. Thunot. 1860. Page 162).

(2) Malgré toutes nos recherches, nous n'avons pu
jusqu'à ce jour, en découvrir un exemplaire ; le dernier, dont on ait souvenir a disparu, il y a une
vingtaine d'années.

« moins que d'autres fêtes majeures n'obli-
« gent de retarder. »

L'ancien reliquaire en cuivre repoussé,
doré et orné de pierreries, ayant été rem-
porté par les paroissiens du Sap, Michel
Féret constate au cours de son *Recit* « qu'il
« fut donné à l'église des Lettiers un nou-
« veau reliquaire pour renfermer la partie
« des reliques qui lui restait, en reconnais-
« sance de les avoir bien gardées. » Son
manuscrit se termine par cette recommandation, qui malheureusement fut oubliée
au Sap : « Tel est, dit-il, la description des
« faits et circonstances les plus véritables,
« concernant les reliques de l'un des Dix
« Mille Martyrs, à la conservation des-
« quelles nos descendants doivent être at-
« tentifs et sont exhortés de perpétuer la
« grande vénération qui leur est due. »

Quand arriva la sanglante période de la
Terreur, les hommes du jour signalèrent
leur pouvoir par des impiétés et des ruines.
L'église du Sap fut profanée, ses reliques
furent dispersées et perdues.

La paroisse de La Trinité-des-Lettiers eut
bien aussi ses jours de deuil. Son vénéré
pasteur (1) lui fut enlevé, et jeté dans les fers,
à l'âge de près de quatre-vingts ans ; mais
les fidèles désolés veillèrent avec soin sur

(1) Pierre-Louis Lachez, qui prit possession de la
cure de La Trinité-des-Lettiers, le 3 mai 1757.

leur église, et ils eurent la consolation de sauver encore une fois les reliques de leurs saints Martyrs.

Elles continuaient d'attirer la vénération et le concours des fidèles, lorsqu'en 1825, les habitants du Sap firent des instances auprès de Mgr Saussol, évêque de Séez, à l'effet d'obtenir une nouvelle portion de la relique des Lettiers. Cette demande fut accordée et un nouveau partage eut lieu, le 28 juin, de la même année. Il en fut dressé un procès-verbal que nous reproduisons en partie.

« L'an mil huit cent vingt-cinq, le vingt-
« huit juin avant-midi, Nous François
« Goupil de La Harlière curé du canton et
« bourg de Gacé, en vertu de la commis-
« sion qui nous a été adressée le 18 du pré-
« sent mois par monseigneur de (*sic*) Saussol,
« évêque de Sées, aux fins de le représenter
« pour présider de sa part et en son nom,
« non seulement au partage de la relique
« d'un des Dix Mille Martyrs, déposée en
« l'église de La Trinité-des-Lettiers, mais
« encore à la translation de l'une des por-
« tions, de l'église des Lettiers dans celle
« du Sap, nous sommes transporté à la
« dite église des Lettiers assisté de Mon-
« sieur Jacques-Pierre Isambart prêtre
« desservant du Sap-André et avons pro-
« cédé ainsi qu'il suit :

« 1º Nous nous sommes fait représenter

« la capsule où reposait la dite relique et y
« avons trouvé un procès-verbal, en date
« du vingt-un septembre mil sept cent cin-
« quante-cinq, soussigné : Féret, etc. . . . .
« . . . . . . . . . . . et vérification faite
« de l'état du reliquaire des Lettiers sur
« ledit procès-verbal, nous l'avons trouvé tel
« que la relique ne puisse être devenue
« suspecte.

« 2° Nous avons procédé au partage de la
« relique et l'avons fait par moitié, et de
« suite avons déposé la part destinée pour
« l'église du Sap dans un reliquaire en
« forme de main avec partie de l'avant-
« bras creusé à l'effet de recevoir la dite
« portion de relique qui sera trouvée ac-
« compagnée d'un double du présent pro-
« cès-verbal, et avons clos ledit reliquaire,
« d'un morceau de parchemin que nous
« avons scellé provisoirement de notre
« sceau ordinaire en attendant le sceau de
« notre seigneur évêque.

« Et en même temps, nous avons re-
« mis l'autre portion dans le reliquaire des
« Lettiers, avec les fragments opérés par le
« partage et enveloppés d'un papier éti-
« queté et soussigné de notre main.

« Encore dans le même reliquaire se
« trouveront : 1° le procès-verbal rédigé en
« 1755, le 21 décembre ; 2° le présent procès-
« verbal.

« Fait et arrêté au presbytère des Let-

« tiers, lesdits jour et an que dessus en
« en présence de Messieurs Charles Hou-
« lette, curé des Lettiers, Michel Couppey,
« curé du Sap, Jacques Herblot, vicaire du
« Sap, François-Marin Saint-Denys, sous-
« diacre du Sap, Jacques-Pierre Isambart,
« curé du Sap-André, soussignés avec nous.
(Suivent les signatures des témoins).

« F. Goupil, *curé de Gacé.*

« Par mandement :

« J. Isambart, *curé du Sap, secrétaire.* »

Cette seconde translation se fit avec une solennité dont les vieillards conservent encore le souvenir. Les habitants du Sap vinrent processionnellement chercher la sainte relique jusqu'à l'église des Lettiers, où le clergé et les fidèles des paroisses voisines se réunirent à eux. Une messe solennelle est célébrée, à l'issue de laquelle on procède, sur le coin de l'autel, au partage des reliques. Dans l'après-midi, toute cette foule reprend en procession le chemin du Sap, en invoquant par des hymnes et des cantiques les glorieux martyrs protecteurs du pays. Pendant l'office des vêpres, qui fut célébré au retour dans l'église du Sap, le reliquaire resta exposé sur l'autel ; il fut ensuite déposé dans le lieu qu'il occupe encore aujourd'hui.

Nous sommes obligés de constater que

depuis la seconde moitié de ce siècle, les hommages qui sont rendus aux Dix Mille Martys sont loin de donner une idée de la vénération des siècles passés.

Au Sap, on ne voit presque plus de fidèles venir prier devant les saintes reliques, leur fête n'est plus célébrée, et leur titre de patrons de cette localité est tombé dans l'oubli.

Une restauration très importante fut entreprise il y a une vingtaine d'années, dans l'église de La Trinité-des-Lettiers. Le reliquaire plus que modeste donné à la paroisse en 1755, tombait de vétusté ; ayant été considérablement endommagé au cours des travaux, il ne fut point replacé dans l'église. Au bout d'un certain temps, on ne pensa plus aux saintes reliques, et on oublia jusqu'au lieu où elles avaient été déposées.

Quelque temps après son arrivée dans la paroisse (1886), l'auteur de cette notice eut le bonheur de retrouver les débris du vieux reliquaire, puis les saintes reliques elles-mêmes, déposées dans un ancien ciboire, au presbytère, et revêtues des attestations et de tous les caractères d'authenticité désirables.

Cette authenticité a été constatée le 8 août 1888, par l'autorté diocésaine, qui a permis de les exposer de nouveau à la vénération des fidèles.

Pour que ces précieuses reliques des

Dix Mille Martyrs puissent reprendre dans l'église de La Trinité-des-Lettiers la place d'honneur qu'elles y ont occupée pendant quatre siècles, et y redevenir comme autrefois une source de grâces et de bénédictions, il ne manque plus qu'un reliquaire véritablement digne de renfermer un trésor aussi vénérable.

Puisse notre modeste travail encourager les fidèles à concourir à cette œuvre de piété. Puisse-t-il surtout les engager à recourir dans leurs besoins à ces glorieux martyrs dont nous leur avons rappelé les combats sur la terre, et le puissant crédit dont ils jouissent maintenant près de Dieu.

# CHAPITRE V



PRIÈRES EN L'HONNEUR DES SAINTS DIX MILLE MARTYRS. — INDULGENCES ATTACHÉES PAR LE SOUVERAIN-PONTIFE AU PÉLERINAGE DE LA TRINITÉ-DES-LETTIERS.

Lorsqu'on fait une neuvaine en l'honneur des saints Dix Mille Martyrs, pour obtenir quelque grâce par leur intercession, il convient pendant le cours de cette neuvaine, de faire une visite à l'église où sont déposées leurs saintes reliques. Chacun des neuf jours, on peut réciter un *Pater* et un *Ave*, avec l'invocation :

*Saints Dix Mille Martyrs, priez pour nous.*

On peut également choisir la formule de prière ci-après, qui est très ancienne :

## PRIÈRE (1)

O qui, tot triumphis, estis
Compotes aulæ cœlestis,
Nos intentos vestris festis
Eximite, nam potestis,
Ab omni pernicio.

Grands Saints, qui avez conquis le ciel au prix de tant de combats, exercez votre bienfaisant pouvoir sur ceux qui vous honorent en ce jour, et délivrez-nous de tout mal.

(1) Cette prière termine une prose en l'honneur

Ne repulsum toleremus,
Dum dies adest extremus
Ne cum reis exulemus,
Sed cum dignis impetre-
[mus,
Optionem gloriæ. Amen.

℣. Sancti decem millia crucifixi Martyres, orate pro nobis.

℟. Ut digni efficiamur promissionibus Christi.

### OREMUS (1)

Deus, qui ad imitandum sanctæ Passionis exemplum, Decem Millia Martyrum crucis patibulum subire fecisti ; concede propitius, ut qui eorum passionem veneramur, passionis tuæ remedia consequamur. Qui vivis, etc.

Amen.

Obtenez-nous qu'au dernier jour, nous ne soyons pas repoussés de Dieu et mis au nombre des réprouvés, mais faites que par votre secours. nous puissions entrer avec les élus en possession de la gloire éternelle. Ainsi soit-il.

℣. — Saints Dix Mille Martyrs, priez pour nous,

℟. — Afin que nous devenions dignes des promesses de Jésus-Christ.

### ORAISON

Seigneur Jésus, qui avez accordé aux Saints Dix Mille Martyrs, de reproduire en eux les tourments de votre Passion, en mourant comme vous du supplice de la Croix, daignez nous accorder, à nous qui honorons leurs souffrances, la grâce de ressentir les salutaires effets de votre Passion.

Ainsi soit-il.

des Dix Mille Martyrs, qui se trouve dans un ancien missel, imprimé au XVIe siècle.

(1) Cette oraison termine le récit des *Actes*, dans le manuscrit de Saint-Sauveur d'Utrecht.

On peut employer ces formules toutes les fois que l'on vient prier devant les reliques des saints Martyrs.

Monseigneur Trégaro, évêque de Séez, a bien voulu, sur notre demande, attacher une *indulgence de quarante jours*, à la récitation de cette formule de prières (*lettre du 12 mars 1890*).

Grâce à la haute recommandation de Son Éminence le cardinal Siciliano di Rende, archevêque de Bénévent, et ancien nonce en France, le Souverain Pontife Léon XIII, nous a accordé la faveur d'une *indulgence plénière*, pour le pèlerinage des saints Dix Mille Martyrs, dans l'église de La Trinité-des-Lettiers.

Cette indulgence plénière peut être gagnée *deux fois par an*, aux conditions ordinaires, par tous les fidèles qui viendront prier devant les saintes reliques, à l'église de La Trinité-des-Lettiers, le *22 juin*, fête des saints Martyrs, et le *10 août*, anniversaire de la translation de leurs reliques en cette église, le 10 aout 1562.

# TABLE DES MATIERES






Bellême, imprimerie G. Levayer, 6, place au Blé